Sophie Westarp

Autogenes Training
für Katzenfreunde

Impressum

Autogenes Training für Katzenfreunde
© 2020 Sophie Westarp
Alle Rechte vorbehalten.

Text & Illustrationen: Sophie Westarp
Layout: Sophie Westarp
Herstellung und Verlag: BoD - Books on Demand, Norderstedt
ISBN: 9 783746 034669

Die Deutsche Nationalbibliothek verzeichnet diese Publikation
in der Deutschen Nationalbibliografie; detaillierte bibliografische
Daten sind im Internet über dnb.dnb.de abrufbar.

Sophie Westarp

Autogenes Training
für Katzenfreunde

Vorwort

Die Katze als Entspannungsvorbild

Für Katzenfreunde gibt es wohl kaum etwas Entspannenderes als die Anwesenheit einer schnurrenden Katze.

Kein Wunder, denn Katzen senden beim Schnurren akustische Wellen aus, die auf den menschlichen Körper – und dazu muss man nicht mal ein ausgesprochener Katzenfreund sein – eine überaus gesundheitsfördernde und heilsame Wirkung haben.

Aber vor allem für die Katze selbst hat das Schnurren einen gesundheitlichen Nutzen und ist dabei weit mehr als nur eine Lautäußerung von Wohlbefinden und Harmonie. Hat eine Katze Schmerzen oder Angst, dient es ihr als Mittel zur Selbstberuhigung sowie zur Linderung der Schmerzen und führt unter anderem auch zu erstaunlich schnellen Heilungserfolgen sogar bei Verletzungen und Knochenbrüchen.

Ähnlich wie beim sogenannten Stress- oder Schmerz-Schnurren handelt es sich auch beim Autogenen Training um eine Beruhigungstechnik, bei der die gewünschte Entspannungsreaktion selbständig und bewusst ausgelöst wird.

Vor diesem Hintergrund lag es bei der Arbeit an diesem Büchlein nahe, für den Übungsteil Vorstellungsbilder zu wählen, in denen eine Katze die Vorbild-Rolle als Entspannungsmeisterin einnimmt.

Worum es beim Autogenen Training geht

Bei der in diesem Büchlein vorgestellten Übungsfolge geht es darum, sechs essenzielle Entspannungsempfindungen – Ruhe, Schwere, Wärme, eine ruhige und gleichmäßige Atmung, einen angenehm warmen Bauch und Kühle auf der Stirn – mithilfe suggestiver Formeln bewusst herbeizuführen und zu erleben.

Indem wir uns innerlich sagen, wir seien entspannt, können wir unseren Körper mit entsprechender Übung tatsächlich mental so beeinflussen, dass er auf den gewünschten Entspannungszustand umschaltet.

Dies führt zur wesentlichen Einsicht, dass wir mit unseren Gedanken unseren Körper ebenso beeinflussen können, wie umgekehrt unsere Gedanken oftmals auf einen physischen Zustand zurückzuführen sind.

Autogenes Training eignet sich zur Beruhigung in Stress-Situationen ebenso wie zur präventiven Stärkung durch die Förderung von Achtsamkeit, innerer Ruhe und Ausgeglichenheit.

Besonders Kinder sind heutzutage nicht mehr selbstverständlich mit Ruhe vertraut. Sie erfahren immer mehr Zeit- und Leistungsdruck und werden mit Reizen überflutet. Durch zu viel Anspannung geht leicht die innere Balance verloren. Mit dem Autogenen Training lernen die Kinder eine Entspannungstechnik kennen, die es ihnen ermöglicht, sich selbst achtsamer wahrzunehmen und sich selbstbestimmt helfen zu können.

Ziel ist es, den Kindern den Zugang zu ihrer inneren Kraft, zu Ruhe und Entspannung zu erleichtern. Durch die Arbeit mit Vorstellungsbildern und die Einübung beruhigender Gedanken werden Konzentration und Entspannung im Unterbewussten verankert.

Im Buch werden die einzelnen Formeln des Autogenen Trainings kindgerecht eingeführt und in Vorstellungsbilder rund um die Katze eingebettet, die leicht behalten und bereits nach kurzer Zeit selbständig abgerufen werden können.

Dieses Büchlein ist aber nicht nur für Kinder gedacht, sondern richtet sich ebenso auch an Erwachsene, die Entspannung suchen sowie an alle Katzenfreunde mit und ohne Katzen.

Zum Ablauf des Trainings

Der Übungsteil ist zunächst dazu gedacht, den Übenden vorgelesen zu werden. Dabei ist auf eine möglichst langsame und monotone Vortragsweise zu achten.

Am Anfang jeder Übung sollte immer eine kurze vorbereitende Grundentspannung (siehe Praxisteil) erfolgen.

Die jeweiligen Formeln werden mehrmals hintereinander vorgesprochen. Neue Formeln (im Text dunkler abgesetzt) werden etwa 6 mal wiederholt, bereits eingeübte Formeln nur circa 4 mal.

Nach und nach können die Übenden versuchen, die Formeln innerlich mitzusprechen und das jeweilige Vorstellungsbild dazu *aus der Erinnerung abzurufen. Ziel ist es, irgendwann nur mithilfe der innerlich vorgesprochenen Formeln die gewünschte Entspannungsreaktion herbeizuführen.*

Die Übungen bauen aufeinander auf und sollen bis zur Hinzunahme der jeweils nächsten Formel über einen Zeitraum von etwa einer Woche täglich wiederholt werden. Geeignete Übungshaltungen sind die Liegeposition auf dem Rücken oder in Seitenlage, die Droschkenkutscherhaltung, also der freie Sitz mit Abstützen der Ellenbogen auf den Oberschenkeln, oder die einfache Lehnsesselhaltung, wobei die Muskelspannung immer so gering wie möglich gehalten werden sollte.

Sinnvolle Übungszeiten sind entweder direkt vorm Zubettgehen (für einen erholsamen Schlaf) oder vorbereitend auf Situationen, die besondere Konzentration verlangen, wie z.B. bei Schulkindern vor dem Erledigen ihrer Hausaufgaben.

Wird das Autogene Training vorm Einschlafen durchgeführt, wird keine Rücknahme benötigt. Die vegetative Gesamtumstellung des Körpers auf einen Regenerations-Modus ist hier erwünscht und förderlich fürs Einschlafen. Eine Rücknahme wäre hier kontraproduktiv.

Möchte man nach dem Training wieder zurück in den Alltag kommen, muss die gesunkene Atemfrequenz, der Blutdruck und die muskuläre Spannung wieder auf ein entsprechendes Maß angehoben und der Organismus wieder angeregt werden. Die Rücknahme nach der letzten Formel ist in diesem Fall deshalb ganz wesentlich.

Die physiologische Wirkung

Schwere-Formel

Das Schwere-Erlebnis ruft eine Entspannung der willkürlichen Muskulatur hervor, löst Verkrampfungen und hat eine reflektorische Wirkung auf den Parasympathikus.

Wärme-Formel

Das Wärmeerlebnis bewirkt eine Entspannung der Gefäßmuskulatur und infolge davon die Erweiterung der Blutgefäße und Verbesserung der Sauerstoffversorgung.

Atem-Formel

Das passive Erleben des Atemrhythmus' bringt die Entspannung der Atemmuskulatur, eine verbesserte Sauerstoffversorgung und Hirnfunktion sowie eine Entlastung des Herzens mit sich.
Es erfolgt die bewusste Umschaltung auf Erholung.

Bauchwärme-Formel

Die Entspannung der Bauchorgane harmonisiert den Stoffwechsel, entgiftet und stärkt das Immunsystem.

Stirnkühle-Formel

Das Stirnkühle-Erlebnis beeinflusst die Kopfmuskulatur hin zur Entspannung und grenzt die hervorgerufenen Empfindungen auf den Körper ein.

Praxisteil

Die einzelnen Übungen

. . . .

Ab hier beginnt das Autogene Training.
Die folgenden Texte sind zum
Vorlesen gedacht.
Zwischen den Vorstellungsbildern
und den Formeln bitte immer genügend
Pause lassen!

. . . .

Vorbereitende Grundentspannung

Du liegst mit dem Rücken bequem auf einem angenehmen und stabilen Untergrund. Die Beine nebeneinander, die Fußspitzen fallen locker nach außen. Du spürst den Kontakt zum Boden und das Getragenwerden. Du darfst jetzt loslassen und für eine Weile abschalten. Deine Augenlider fallen wie von selbst zu.

Alle Gedanken sind nun gleichgültig. Wie Wolken am Himmel lässt du sie einfach über dir hinwegziehen.

Du richtest deinen Blick nach innen ...

(Pause lassen)

Vor dir erscheint das Bild eines Kätzchens ...

1. Ruhe-Tönung

Das Kätzchen döst. Behaglich hat es sich zusammengerollt. Sein Fell ist warm und weich und bedeckt es rundum wie eine kuschelige Zudecke. Es fühlt sich wohl in seinem Fell. Leichtes Schnurren lässt seinen Körper sanft vibrieren. Ganz ruhig und gelöst liegt es da. Seine Umgebung ist ihm gleichgültig, mit seiner ganzen Aufmerksamkeit ist es bei sich und seinem wohligen Körpergefühl.

Die Geräusche um es herum treten in den Hintergrund. Das Kätzchen ist jetzt weit weg von allem, in einem Raum der Ruhe und Entspannung. Dort ist es ganz ungestört.

Fühl mal, wie ruhig und entspannt es ist ...

· · · · · · ·

Ich bin ganz ruhig und entspannt, ganz ruhig.

2. Schwere-Übung

Wie hingegossen liegt das Kätzchen da. Völlig entspannt und gelöst ruht sein Körper auf dem Untergrund. Der Boden fühlt sich angenehm und stabil an. Er trägt es. All sein Gewicht kann das Kätzchen an den Boden abgeben, sich ihm anvertrauen.

Seine Glieder ruhen schwer auf dem Untergrund. Das Kätzchen genießt es, sich tragen zu lassen. Es muss nichts machen, nur geschehen lassen.

Fühl mal, wie träge und schwer seine Glieder sind ...

• • • • • • •

Meine Beine sind schwer und gelöst.

Ich bin ganz ruhig und entspannt, ganz ruhig.

3. Wärme-Übung

Wohlig und zufrieden liegt das Kätzchen in der warmen Nachmittagssonne. Die milden Sonnenstrahlen fallen sanft auf sein Fell, als würde es ganz sachte gestreichelt werden. Der Untergrund, auf dem es liegt, ist angenehm warm. Das Kätzchen macht es sich behaglich. Seine Pfoten ruhen schwer auf dem Boden. Es genießt die Wärme und schmiegt die Pfoten fest an den Boden, der noch von der Mittagsglut ganz aufgeladen ist. Wie ein warmer Ofen strahlt der Boden die Wärme ab. Das Kätzchen fühlt sich wohl. Ganz ruhig, entspannt und gelöst genießt es die Sonne. Es kann die Wärme rundum fühlen.

Fühl mal, wie das Kätzchen von wohliger Wärme durchströmt wird ...

· · · · · · ·

Meine Beine sind schwer und gelöst.

Meine Pfoten sind angenehm warm.

Ich bin ganz ruhig und entspannt, ganz ruhig.

Mein Atem
geschieht ruhig und
gleichmäßig ...

4. Atem-Übung

Wohlig warm und entspannt liegt das Kätzchen da. Sein Fell hebt und senkt sich in ruhigem Wechsel. Ganz natürlich und von selbst kommt und geht sein Atem. Es lässt den Atem einfach geschehen. Ruhig und gleichmäßig.

Eine große Zufriedenheit macht sich in ihm breit.

Fühl mal, in welch ruhigem und gleichmäßigem Wechsel sein Atem kommt und geht ...

· · · · · · ·

Meine Beine sind schwer und gelöst.

Meine Pfoten sind angenehm warm.

Mein Atem geschieht ruhig und gleichmäßig.

Ich bin ganz ruhig und entspannt, ganz ruhig.

5. Bauchwärme-Übung

Vor dem Kätzchen steht eine Schüssel mit einer dampfenden Mahlzeit. Mit großem Appetit macht es sich darüber her und lässt es sich schmecken. Der warme Nahrungsbrei wärmt seinen Leib angenehm von Innen. Eine wohlige Wärme breitet sich in seinem Bauch sternförmig aus.

Nun sucht es sich ein gemütliches Plätzchen, um die Speise in Ruhe zu verdauen.

Fühl mal, wie wohlig warm das Bäuchlein nun ist ...

· · · · · · ·

Meine Beine sind schwer und gelöst.

Meine Pfoten sind angenehm warm.

Mein Atem geschieht ruhig und gleichmäßig.

Mein Bauch ist strömend warm.

Ich bin ganz ruhig und entspannt, ganz ruhig.

6. Sirnkühle-Übung

Behaglich kuschelt sich das Kätzchen zusammen. Die Luft ist angenehm mild und duftende Gräser wiegen sich sanft im Wind. Ein leichter Windhauch streicht dem Kätzchen um die Nase und kühlt seine Stirn.

Fühl mal, wie angenehm kühl seine Stirn ist, wie weit und frei ...

• • • • • • •

Meine Beine sind schwer und gelöst.

Meine Pfoten sind angenehm warm.

Mein Atem geschieht ruhig und gleichmäßig.

Mein Bauch ist strömend warm.

Meine Stirn ist angenehm kühl, weit und frei.

Ich bin ganz ruhig und entspannt, ganz ruhig.

· · · · · · ·

*Wird das Autogene Training
vorm Zubettgehen durchgeführt, bitte die Rücknahme
im Folgenden weglassen!*

· · · · · · ·

Rücknahme

Du spürst nun nochmals ganz intensiv und bewusst in die wohlige Entspannung und tiefe Ruhe hinein, die sich in deinem ganzen Körper breit gemacht hat. Nimm diese Ruhe mit, wenn du nun ganz langsam und allmählich wieder in deinen Alltag zurückkehrst.

Bei Eins streckst du deine Arme kräftig aus, winkelst sie an, ballst deine Hände ein paar mal zur Faust und öffnest sie wieder. Bei Zwei vertiefst du deine Atmung. Bei Drei öffnest du deine Augen.

Eins: Arme fest!
Zwei: Atmung tief!
Drei: Augen auf!

Vielleicht möchtest du nun wie nach dem Aufwachen einmal herzhaft gähnen, dich strecken und räkeln, bevor du dann ganz langsam zurück in eine Sitzposition kommst, von der aus du dich mühelos erheben kannst.

. . . .

Das Kätzchen, welches dich durch die Übungen
dieses Büchleins begleitet hat, kannst du nun jederzeit
in deiner Vorstellung treffen.
Mit einem beruhigenden Schnurren wird es
vor deinem Inneren Auge erscheinen
und dich daran erinnern,
wie du auch in schwierigen Situationen
Ruhe bewahren kannst.
Am besten macht ihr euch miteinander vertraut,
wenn du die Übungen dieses Büchleins
möglichst regelmäßig machst
und das Kätzchen täglich mindestens einmal
an deine Seite rufst.

. . . .

Eine Auswahl weiterer Publikationen
von Sophie Westarp bei BoD

Pompi ist anders

Pompi leidet unter seinem Anderssein, bis er eines Tages das Wasser und darin seine besonderen und bislang verborgenen Fähigkeiten entdeckt ... Ein Bilderbuch für Menschen ab 4 Jahren.

Abschied von Maumau

Ein Bilderbuch, das beim Verlust des geliebten Haustieres Trost spendet und das Trauern einfühlsam begleitet. Für Menschen ab 5 Jahren.

Das Chamäleon hat Fernsehverbot

Ein Comic zum Thema Reizüberflutung. In Reimform getextet und bunt bebildert, für Betroffene jeden Alters.